Tema 1: "El sentido de la audición en el ...

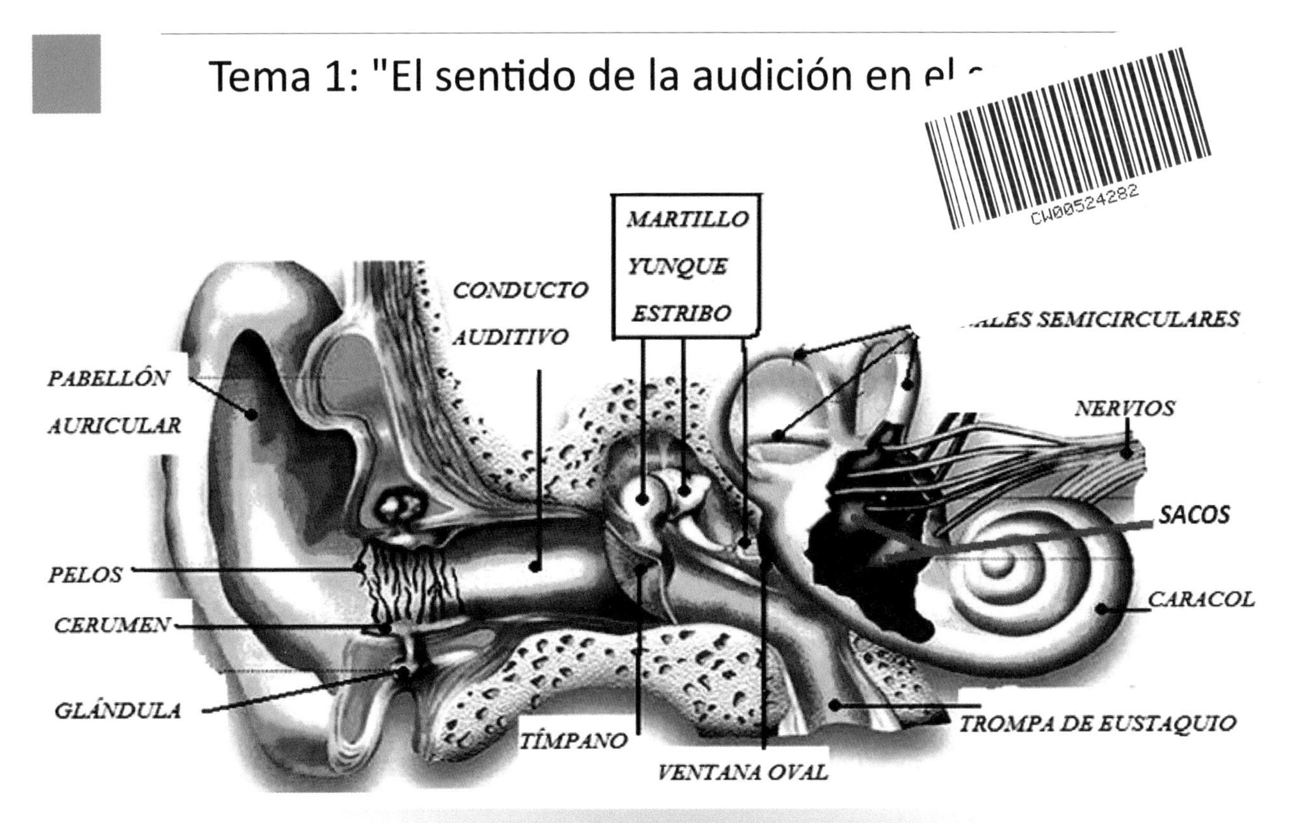

1.1 Anatomía del oído

Pabellón auricular: Capta los sonidos del exterior y los dirige hacia el conducto auditivo.

Canal auditivo: Presenta dos curvas para que no podamos llegar al tímpano y dañarlo. Sus paredes están recubiertas de cerumen que atrapa las impurezas del aire. Rodeado por el hueso temporal, actúa como una cueva, resuena y amplifica el sonido.

Tímpano: Está formado por una membrana elástica tensada que vibra por simpatía, es decir, capta determinadas vibraciones que se transmiten por el aire.

Caja timpánica: Hueco lleno de aire que está comunicado con la rinofaringe por la Trompa de Eustaquio. Aquí se encuentran los huesos más pequeños del cuerpo: martillo, yunque y estribo. Estos huesecillos amplifican 180 veces la vibración desde tímpano hasta el caracol. Los ligamentos que sostienen estos huesos se tensan cuando un sonido es demasiado fuerte, de esta manera amortiguan la vibración y así no dañan las células especializadas del oído.

1.1 ¿Por qué tenemos dos oídos en vez de uno?
1.2 ¿Es cierto que oímos en estéreo?
1.3 ¿Qué ocurre si captas un mismo sonido con dos micros diferentes?
1.4 Dibuja la transmisión de la onda sonora y escribe a qué oído llega antes (al izquierdo o al derecho).

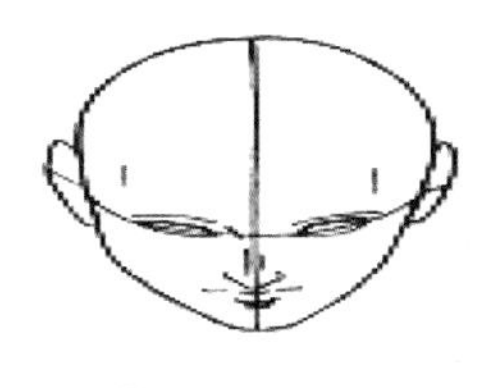

FOCO SONORO

C) El oído interno

El sonido sube por el canal de entrada (verde), hace vibrar la membrana basilar, chocan los pelos acústicos (cilios) contra la membrana tectoria (amarillo) y producen una corriente electroquímica que viaja por los nervios hacia los dos hemisferios cerebrales. La vibración viaja por el canal de salida (rosa) y sale a la caja timpánica.

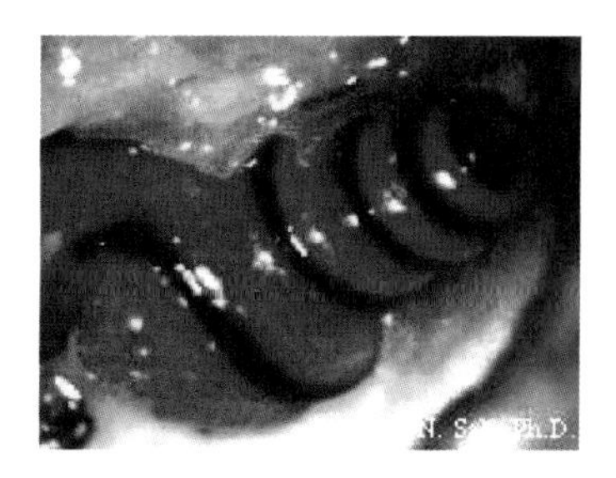

1.2 Límites del oído humano

Nuestro oído sólo puede percibir determinados sonidos (audiofrecuencias). De todas las vibraciones que se producen, sólo somos capaces de captar aquellas que cumplen estos requisitos:

- Altura o tono: El sonido más grave que oímos tiene 20Hz (hertzios) y el más agudo 20.000 Hz ó 20 kHz. Por debajo son infrasonidos y por encima, ultrasonidos; ambos inaudibles.
- Intensidad: El sonido más débil que escuchamos tiene -10 dB (decibelios), a partir de 120 dB entramos en el umbral de dolor, es decir, los oídos duelen.
- Duración: Diferenciamos dos sonidos distintos si entre ellos transcurre un mínimo de seis centésimas de segundo.

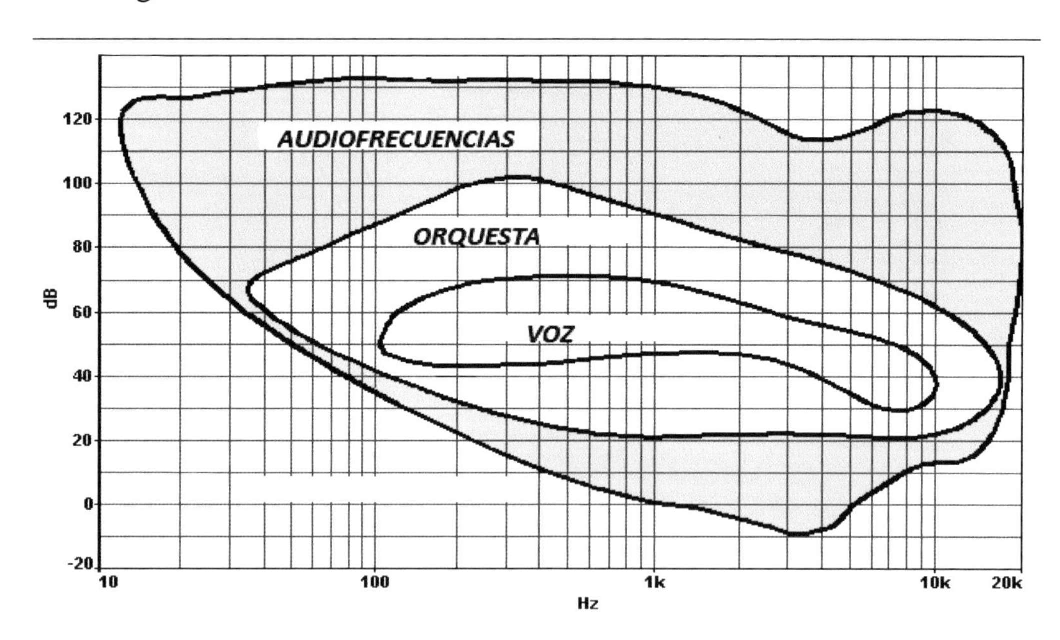

4. Sitúa en la tabla:
4.1 Un sonido de un kilohertzio y 40 decibelios.
4.2 Los infrasonidos.
4.3 Los ultrasonidos.
4.4 Un sonido de 100 Hz y 20 decibelios.
4.5 Indica al lado de cada sonido anterior si se oye o no.

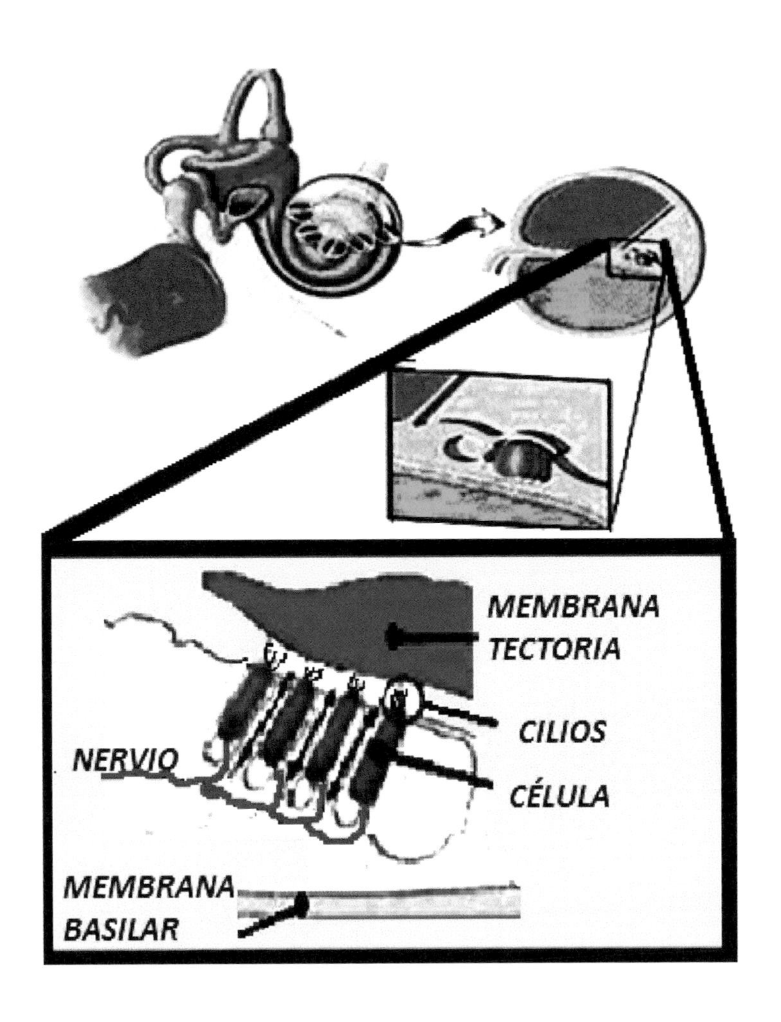

4.2 Explica la imagen:

4.3 Señala con flechas los órganos :

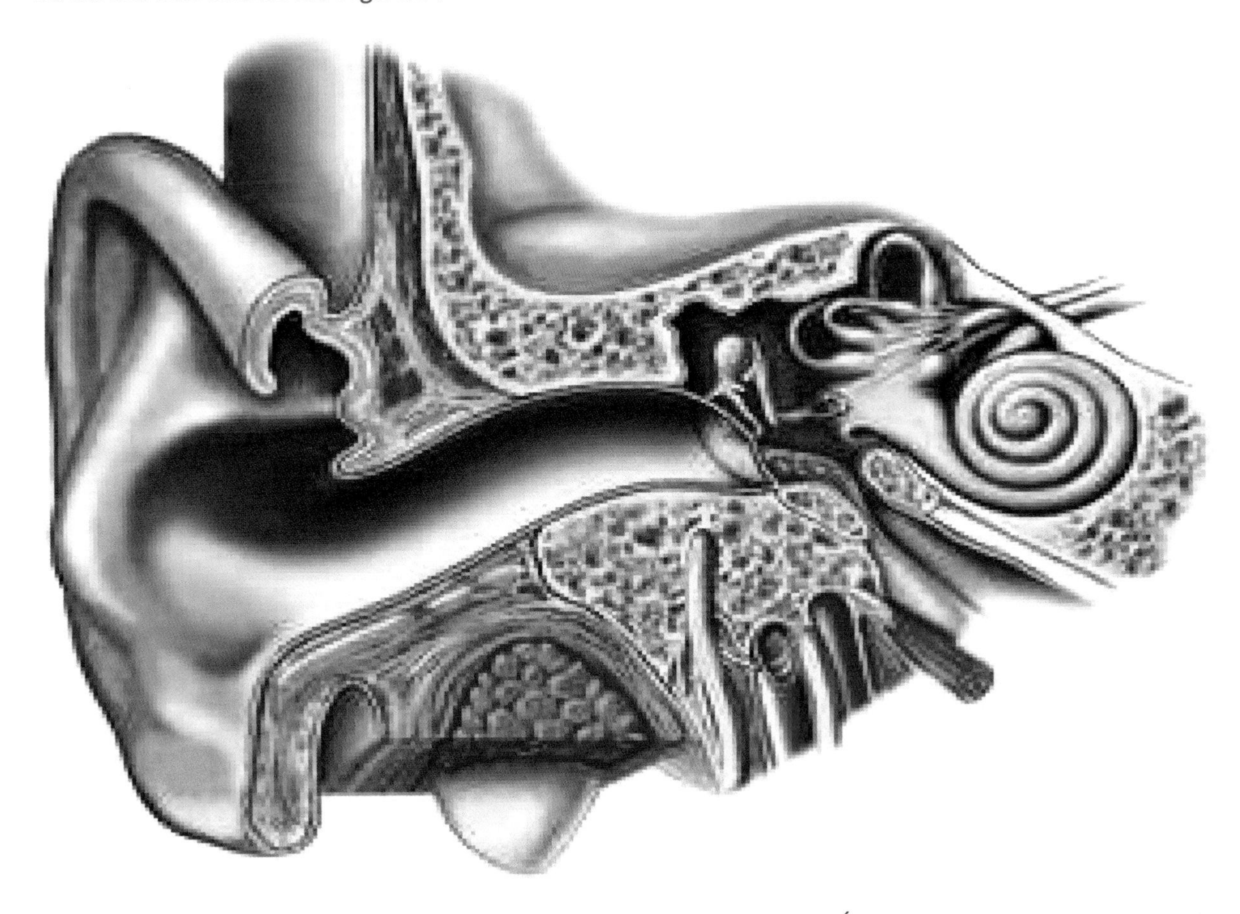

1.3 Digitación flauta dulce alemana

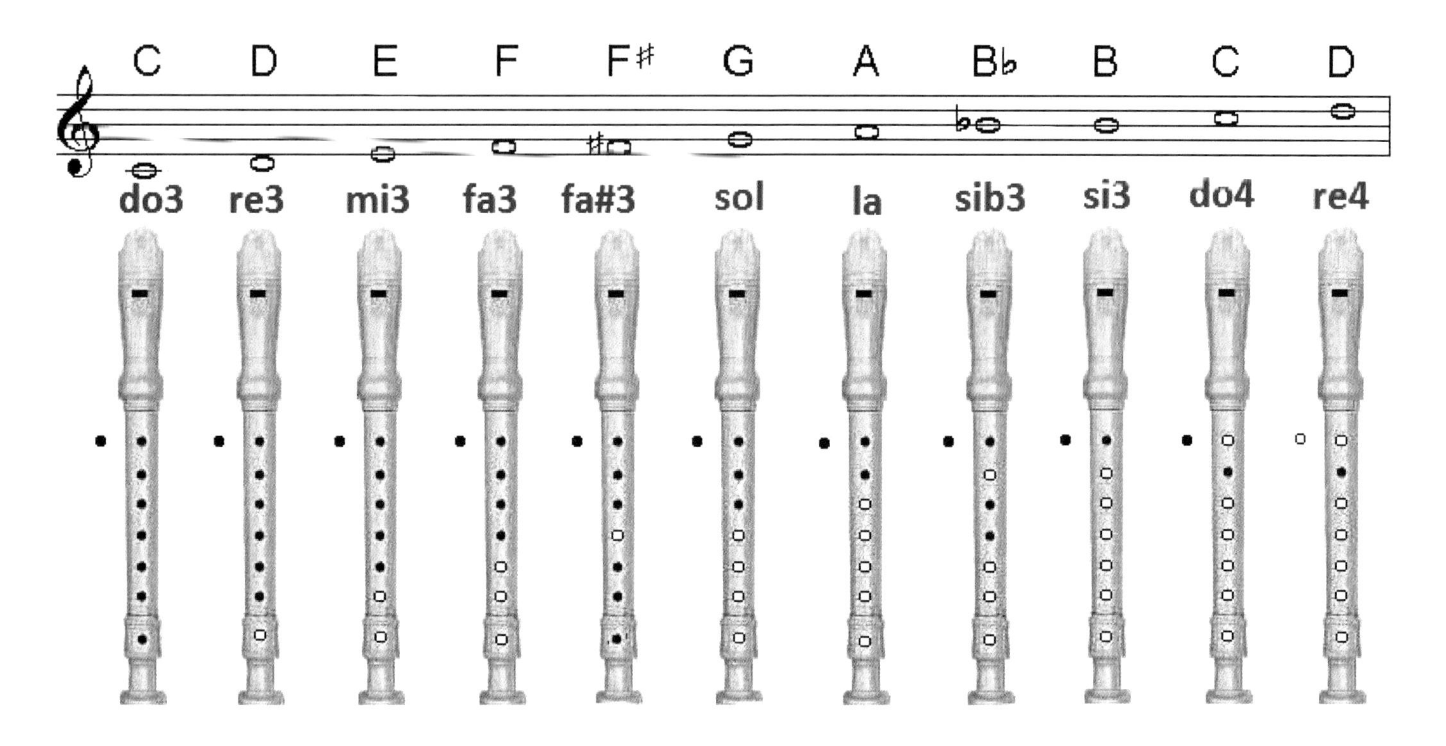

1.4 Lectura de notas

1.5 Lectura de notas

1.6 Lectura de notas

1.5 Percepción del sonido

Sensación:

- Fase física: Se produce el estímulo que excita el órgano sensorial (vibra el tímpano).
- Fase fisiológica: Se transmite la vibración a través del oído medio e interno.
- Fase psíquica: Los nervios auditivos transmiten la información al cerebro.

Percepción:

- Análisis del sonido: procedencia, altura, intensidad, duración y timbre.
- Comparación: recurrimos a la memoria y comparamos el sonido escuchado con otro captado anteriormente descubriendo cuál es (alarma del reloj).
- Reaccionamos en consecuencia (nos despertamos si estamos durmiendo).
- Registramos el sonido en la memoria de nuevo y actualizamos los datos.

1.6 Aplicaciones de los ultrasonidos e infrasonidos

Infrasonidos: Se utilizan para detectar movimientos sísmicos. Producen efectos negativos sobre el oído: afectan a los canales semicirculares generando náuseas, mareos y vértigo. Se emplea en la guerra para incapacitar al enemigo y para inutilizar equipos de radar.

Ultrasonidos: Las utilidades de los ultrasonidos son múltiples.

a) Medicina: Destrucción de cálculos hepáticos y renales (piedras en el hígado y los riñones), corte de tejidos en cirugía, taladro y limpieza de dientes, ecografías…

b) Otras: Alarmas antirrobo, guías de ciego, control a distancia de puertas, microscopios y telescopios.

5. Explica cómo funciona un ecógrafo.

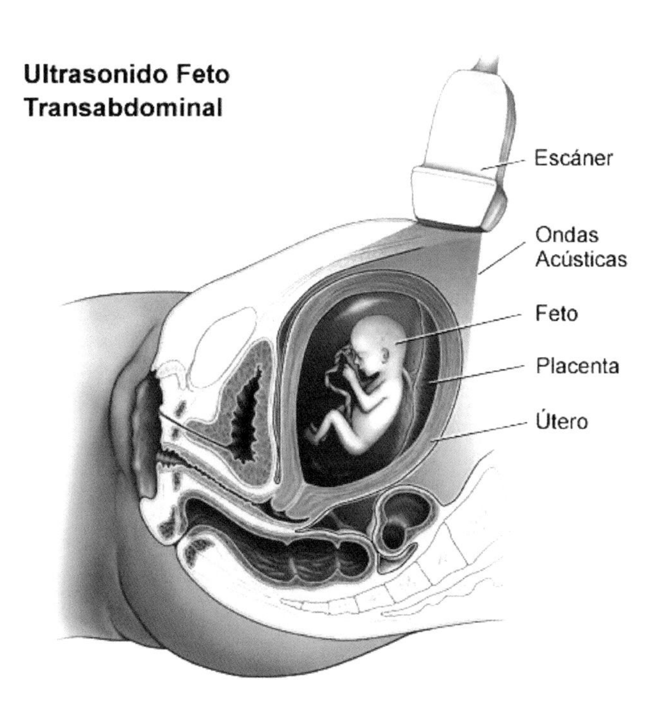

6.1 Explica las imágenes:

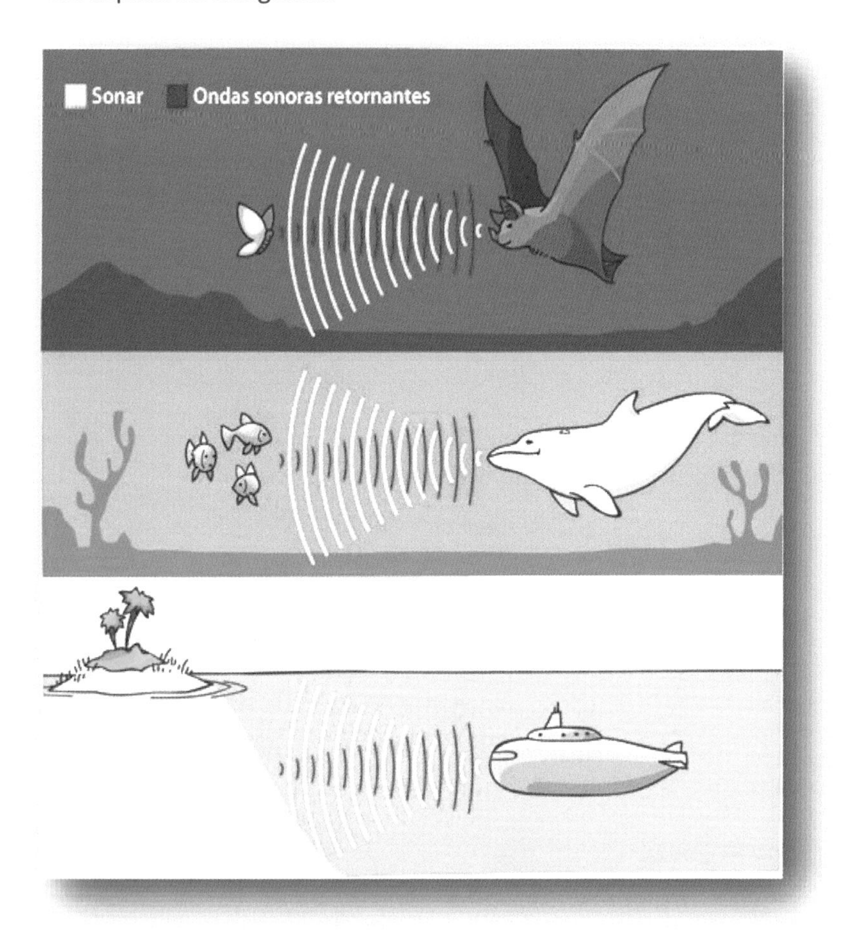

6.2 ¿Se habría hundido el Titanic si hubiese tenido sónar? Razona la respuesta.

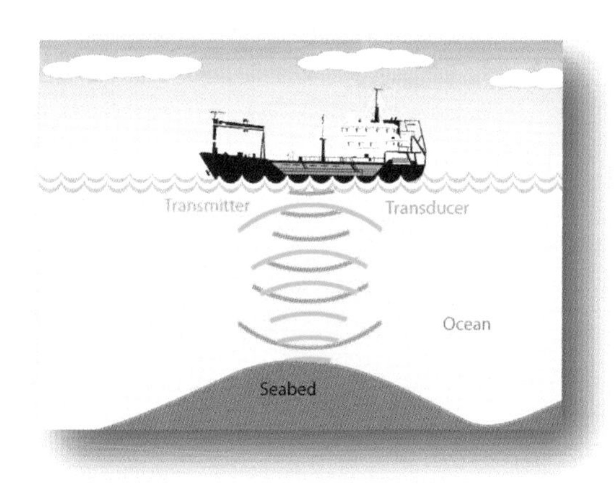

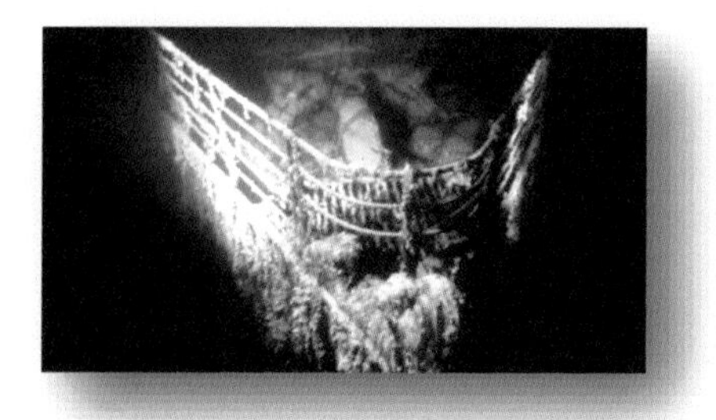

Tema 2: Música tradicional española

La estratégica ubicación de la península ibérica propició que numerosas culturas se asentaran en nuestro territorio y dejaran su impronta musical: íberos, celtas, fenicios, cartagineses, griegos, romanos, judíos, árabes, gitanos... Gracias a esto, España cuenta con uno de los folclores más ricos y variados del mundo. Son numerosos los etnomusicólogos que acuden a estudiarlo y muchos, los compositores extranjeros que han compuesto música española. Nuestra música tradicional al mismo tiempo ha influido en otras culturas musicales como la música latinoamericana.

2.1 Culturas celtas

En las regiones del norte (Galicia y Asturias), la música tradicional es similar a la de Irlanda, Escocia y Gales. Las culturas celtas fueron romanizadas posteriormente y mantienen escalas medievales como el primer modo gregoriano que va de re a re con el si variable (natural o bemol).

La gaita es un instrumento folclórico con varios tubos sin orificios que realizan la función de bordón. Las hay con uno, dos o tres bordones, además del tubo con orificios con el que se interpreta le melodía principal que es llamado puntero. Se sabe que es un instrumento muy antiguo: el emperador Nerón tocaba la "tuba utricularis".

1. Señala en la imagen sus partes: odre o fuelle, bordón, puntero y soplete.
2. ¿La gaita es un instrumento monódico o polifónico?

2.2 Lectura de notas

O SON DO AR

Bieito Romero

4. Analiza la partitura:

4.1 Escribe el nombre de las notas: do, re…

4.2 Fíjate que la obra comienza y termina en re. Escribe las notas que forman la escala: re-

4.3 Basándote en las características señaladas, ¿a qué región pertenece esta obra?

4.4 ¿Qué nombre recibe este tipo de música folclórica o tradicional?

4.5 ¿Con qué instrumento tradicional la tocarías?

4.6 ¿En qué lengua está escrita?

4.7 ¿Qué significa el título?

4.8 ¿Es música urbana o rural?

4.9 ¿Es propia de una cultura agrícola o ganadera?

2.3 Cultura vasca

La música tradicional vasca emplea instrumentos como el *txistu*, flauta de culturas pastoriles que tiene tres agujeros y que se toca con una mano, mientras que con la otra se percute un tamboril. La *txalaparta* es un instrumento de percusión con tablas de maderas que se golpean por dos personas. En cuanto a las danzas, destaca el a*urresku,* baile individual que se ejecuta en honor a un invitado y que consta de una serie de pasos técnicamente complejos.

5.1 Mira los vídeos del blog.

5.2 Describe cómo se danza el aurresku.

5.3 Cómo se toca la txalaparta:

2.4 Culturas mediterráneas

La rondalla es la agrupación típica de estas culturas. Está integrada por instrumentos de pulso y púa, es decir, cuyas cuerdas son pulsadas con los dedos (guitarras) o punteadas por un plectro (bandurrias). Las rondallas constan de guitarras, laúdes, bandurrias, dulzainas y tambores. Se usan para acompañar las jotas aragonesas, navarras, valencianas y murcianas. Los bailarines mientras danzan se acompañan rítmicamente de castañuelas.

6.1 Describe los instrumentos y clasifícalos (aerófonos, cordófonos, idiófonos o membranófonos).

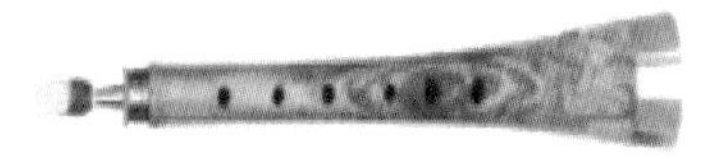

2.5 Habanera

Se cree que fueron los marineros cubanos los que trajeron a España este ritmo binario, haciéndose popular en el siglo XIX. Se trata de una pieza que se canta, se toca y se puede bailar. Se caracteriza por sus marcados patrones rítmicos. Hoy día todavía hallamos habaneras en Cataluña, Cádiz, Valencia y Alicante, especialmente en localidades pesqueras como Torrevieja, donde se celebra anualmente un concurso internacional. De España llegó a nuestra antigua colonia de Filipinas, donde todavía permanece.

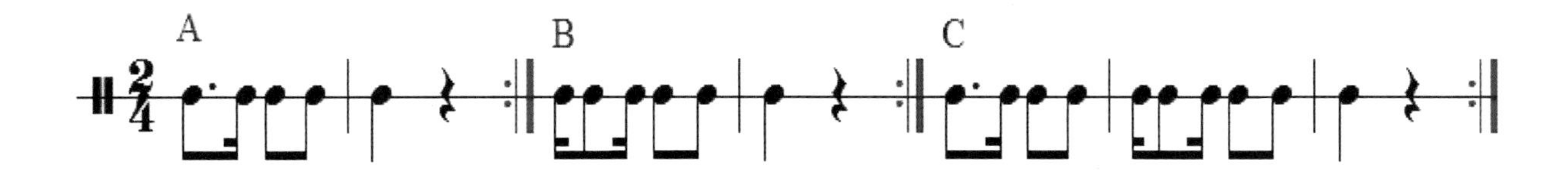

2.6 Análisis de partituras

10.1 Escribe el nombre de las notas encima de cada una.

10.2 Escribe el texto de forma estrófica y traduce al lado cada verso:

2.7 Culturas castellanas: Danza bolera

Danza de ritmo ternario que deriva de las seguidillas y se popularizó en España durante el siglo XVIII. Del bolero deriva la danza bolera que se bailaba de manera individual o por parejas vestidas de majos. Su velocidad es lenta, se acompañaba con guitarra y laúd, mientras los bailarines ejecutan complicados ritmos con las castañuelas.

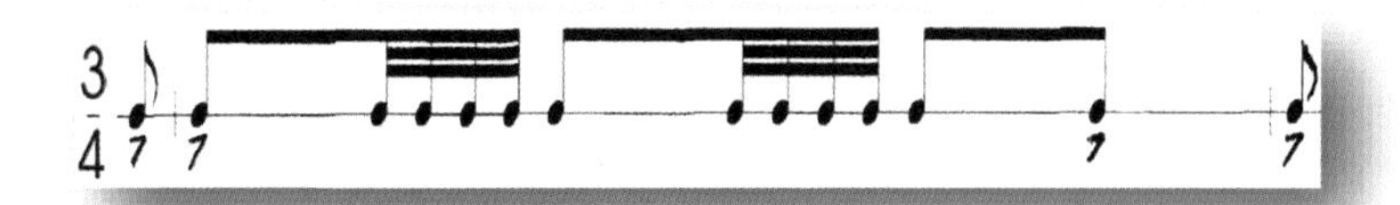

7. Acompaña con este acompañamiento rítmico el "Bolero" de Maurice RAVEL: alterna las dos manos y comienza con la mano derecha, mientras escuchas en el blog la versión de Gustavo DUDAMEL y la Orquesta Sinfónica de Viena. Puedes después probar con la caja militar.

8. Escribe el nombre de las notas en la partitura.

Jota aragonesa

Sardana catalana

Paloteo castellano

Isa canaria

Muñeira gallega

Aurresku vasco

9. Mapa: "Las danzas tradicionales de España"

10. Mapa: “Los instrumentos tradicionales de España” (todos los que aparecen en el tema)
10.1 Coloca el nombre de todas las comunidades autónomas y con flechas su danza.

11. Mapa: “Los cantos tradicionales de España” (todos los que aparecen en el tema)
11.1 Coloca el nombre de todas las comunidades autónomas y con flechas su danza.

Tema 3: El Flamenco

En 2010, la UNESCO declaró al Flamenco como patrimonio artístico inmaterial de la Humanidad. Este estilo de música tradicional nace cuando los gitanos que procedían de la India se asientan en Andalucía. Asimilan el sustrato musical árabe de Al Ándalus, la técnica de la guitarra española y crean un estilo propio.

3.1 Características

- Como música tradicional: es de tradición oral, ágrafa, de autoría anónima en origen y de ejecución colectiva.
- Los "cantaores" flamencos emplean una voz nasal similar a la de las culturas árabe e india. El cantante entona un ay melismático inicial que le ayuda a encontrar el tono de afinación e la guitarra, antes de empezar con las coplas.
- Los ritmos que utilizan son múltiples, rápidos, variados y complejos.
- El carácter y contenido de las obras suele ser apasionado y en el primitive cante jondo es desgarrador, ya que describe la discriminación a la que fueron sometidos.
- El baile flamenco emplea el taconeo en el 'tablao' (suelo realizado con troncos de madera superpuestos) y se utiliza como las castañuelas como instrumento de percusión.
- Los palmeros acompañan realizando ritmos rápidos alternados, mientras jalean animando al 'cantaor 'o al 'bailaor'.
- El Flamenco emplea dos escalas musicales propias, una de ellas es el modo frigio descendente (de mi a mi) con sonidos alterados que enriquecen las obras.

- La música flamenca usa microtonos, es decir, intervalos más pequeños que el semitono como los cuartos y octavos de tono.
- Cadencia típica:

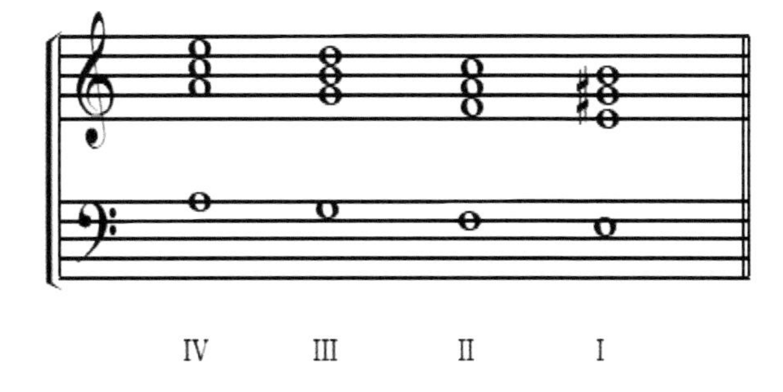

3.2 La guitarra flamenca

La guitarra flamenca acompaña al cante y al baile, junto con los palmeros y el cajón flamenco, que lo incorpora Paco de Lucía tras visitar Perú.

1. Señala en la imagen con flechas: refuerzo, mástil, cuerdas, trastes, boca, tapa, clavijero y caja de resonancia.

2. Verdadero o falso:

A) La guitarra flamenca suena más floja que la guitarra española.
B) La guitarra española tiene las cuerdas de nylon y la flamenca de metal.
C) La guitarra flamenca se rasga con las uñas.
D) La guitarra española se golpea en la caja.
E) El interior de la guitarra flamenca está reforzada por dentro para que suene más fuerte.

3. Relaciona cada verbo con su significado: pinzar-pulsar-rasgar-puntear-golpear

- Tocar una cuerda con un plectro o púa:
- Hacer vibrar con un dedo una cuerda:
- Dar un manotazo en la caja de resonancia:
- Pasar las uñas por las cuerdas:
- Coger con dos dedos una cuerda y soltarla:

Cantaores: CAMARÓN | JOSÉ MERCÉ | ENRIQUE MORENTE

Bailaores: ANTONIO GADES | ANTONIO CANALES | JOAQUÍN CORTÉS

Bailaoras: CRISTINA HOYOS | SARA BARAS | Guitarrista: PACO DE LUCÍA

6. Cómo se construye un cajón flamenco, instrumento de origen peruano que añadió Paco de Lucía al Flamenco. Busca vídeos en Youtube y don dibujos, ve describiendo el proceso.

7. Visiona los vídeos del blog.

Tema 4: Grabación y reproducción del sonido

4.1 El fonógrafo (1878)

Para poder grabar el primer sonido de la Historia, Edison tuvo una genial idea imitando la captación de sonidos de nuestro oído: incorporar una aguja a una membrana. La bocina hacía de oreja y conducto auditivo, captaba las ondas sonoras y la membrana vibraba, la aguja transmitía esas oscilaciones y grababa surcos en un papel de estaño que giraba en un cilindro.

Cuando se realizaba el proceso a la inversa, es decir, se hacía girar el cilindro de papel y la aguja vibraba al rozar los surcos grabados, la membrana reproducía los sonidos.

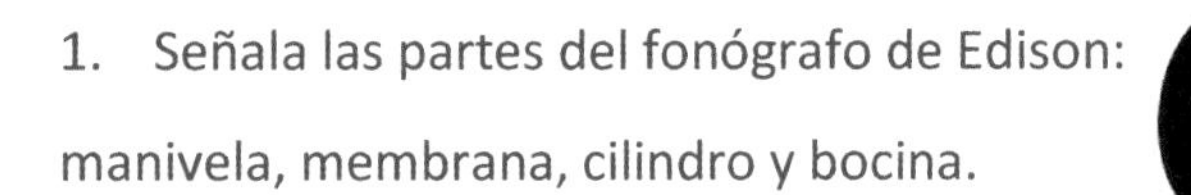

1. Señala las partes del fonógrafo de Edison:

manivela, membrana, cilindro y bocina.

2. Escribe el nombre de cada dispositivo en las imágenes del margen derecho.

casete – gramófono - disco compacto – fonógrafo

3. ¿Qué no existía sin música grabada? Ejemplo: discotecas

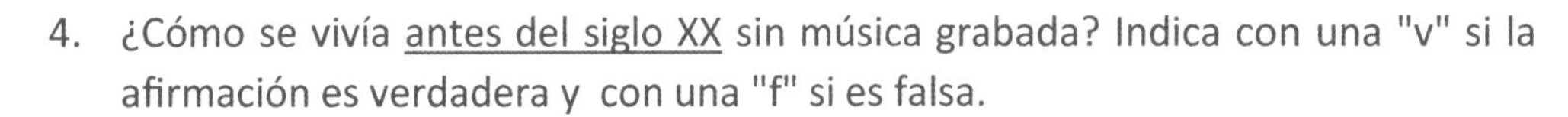

4. ¿Cómo se vivía <u>antes del siglo XX</u> sin música grabada? Indica con una "v" si la afirmación es verdadera y con una "f" si es falsa.

4.1 No había internet, ni televisión, pero sí la radio.

4.2 Sólo existía la música en vivo.

4.3 Los músicos viajaban por toda Europa para escuchar los distintos estilos.

4.4 La música tradicional era muy importante.

4.5 El cine era mudo.

4.6 La televisión era en blanco y negro.

4.7 Si querías bailar con música alguien debía tocar un instrumento en directo.

4.8 En todas las fiestas locales había música.

4.9 Si te aburrías podías hablar por teléfono con tus amigos.

Cronología

1876: micrófono
1878: fonógrafo
1896: gramófono
1898: cinta magnética
1963: casete (cajita)
1973: Dolby surround (filtro de ruidos)
1983: disco compacto
1993: mp3

4.2 El gramófono (1896)

El rozamiento de la aguja sobre el papel metálico del fonógrafo, provocaba un sonido grabado de muy baja calidad. Para mejorarlo, Berliner comenzó a grabar los surcos en discos planos que eran más estables, patentando el proceso y consiguiendo un coste menor en la producción.

Berliner fundó la primera discográfica y persuadió a los intérpretes para que grabaran con su sistema. Junto al famoso tenor de ópera, Enrico Caruso, en 1905 consiguió vender cinco millones de discos, el primer éxito. La patente de su invento pasó a la cadena de emisoras de radio estadounidense RCA y creó la más importante empresa discográfica de música culta en Alemania: *Deutsche Grammophon*, sello que sigue siendo en la actualidad, el de mayor prestigio en este tipo de música.

5.1 Establece la diferencia entre un LP ("Long play", larga duración o álbum) y un "single" (sencillo).

A) Duración: 30 minutos / 5 minutos (una cara)

B) Número de canciones: 2-3 / 10-12

C) Diámetro: 30 cm / 18 cm

D) Velocidad de giro del disco: 33 / 45 revoluciones por minuto

Single o sencillo	LP o álbum
A)	
B)	
C)	
D)	

5.2 ¿Qué diferencias encuentras entre el fonógrafo y el gramófono?

- Calidad de sonido:
- Duración:
- Coste:
- Ruido de rozamiento:

4.3 La cinta magnética (1898)

Poulsen ideó una nueva forma de grabar y reproducir sonidos, en este caso, utilizando una cinta magnética: un micrófono capta la señal, se transforma en una onda eléctrica que se registra en la cinta, situando las partículas metálicas con imanes en distintas posiciones, simulando el dibujo de la onda. Las cintas magnéticas eran muy anchas y tenían gran calidad, se utilizaban para grabar el máster de una obra. Fue en 1963, cuando se redujo su tamaño y se comercializó con el casete.

6. Relaciona cada término con su símbolo: *Playback-Pause-Forward-Rewind-Record-Stop*

7. Completa: micrófono-altavoz-amplificador

- Aparato que incrementa la intensidad física de un sonido:
- Sensor que capta un sonido y lo convierte en una señal eléctrica:
- Transductor que produce sonidos como respuesta a una señal eléctrica:

8.1 ¿Para qué sirve un un ecualizador?

8.2 ¿Qué significa dB y Hz/KHz?

8.3 Explica la ecualización Pop de la imagen:

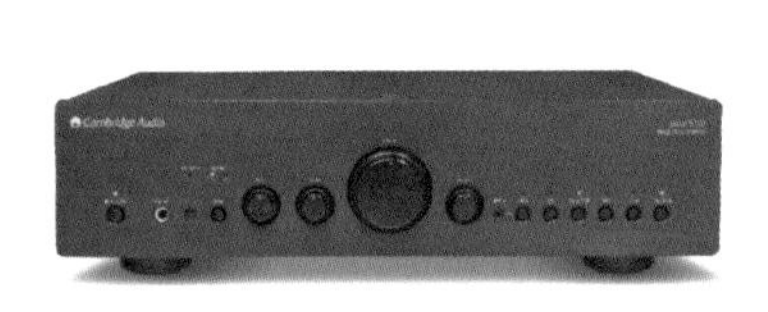

9. Identifica las imágenes de la página: altavoz, radiocasete, magnetófono, micro y amplificador.

10.1 ¿Qué significa el acrónimo DJ?

10.2 ¿Cuál es su función?

10.3 ¿Quién es el más famoso?

10.4 ¿Crees que se merecen el prestigio que tienen?

10.5 ¿Artísticamente es más importante un cantante?

10.6 ¿Por qué muchos cantantes trabajan con DJ's?

4.4 El disco compacto

Durante una década ingenieros de dos compañías trabajaron para conseguir la grabación de audio digital. Finalmente, fue Phillips quien ganó la batalla y en 1981, comercializó el primer disco compacto (CD): una grabación registrada por Claudio Arrau. El pianista interpretó los *Valses* de Chopin y fue invitado a apretar el botón que iniciaba el proceso de fabricación. El disco compacto dura 74 minutos ya que se tomó como modelo la *Novena Sinfonía* de Beethoven.

11. Indica en la imagen qué parte está grabada (quemada con el láser) y cuál no:

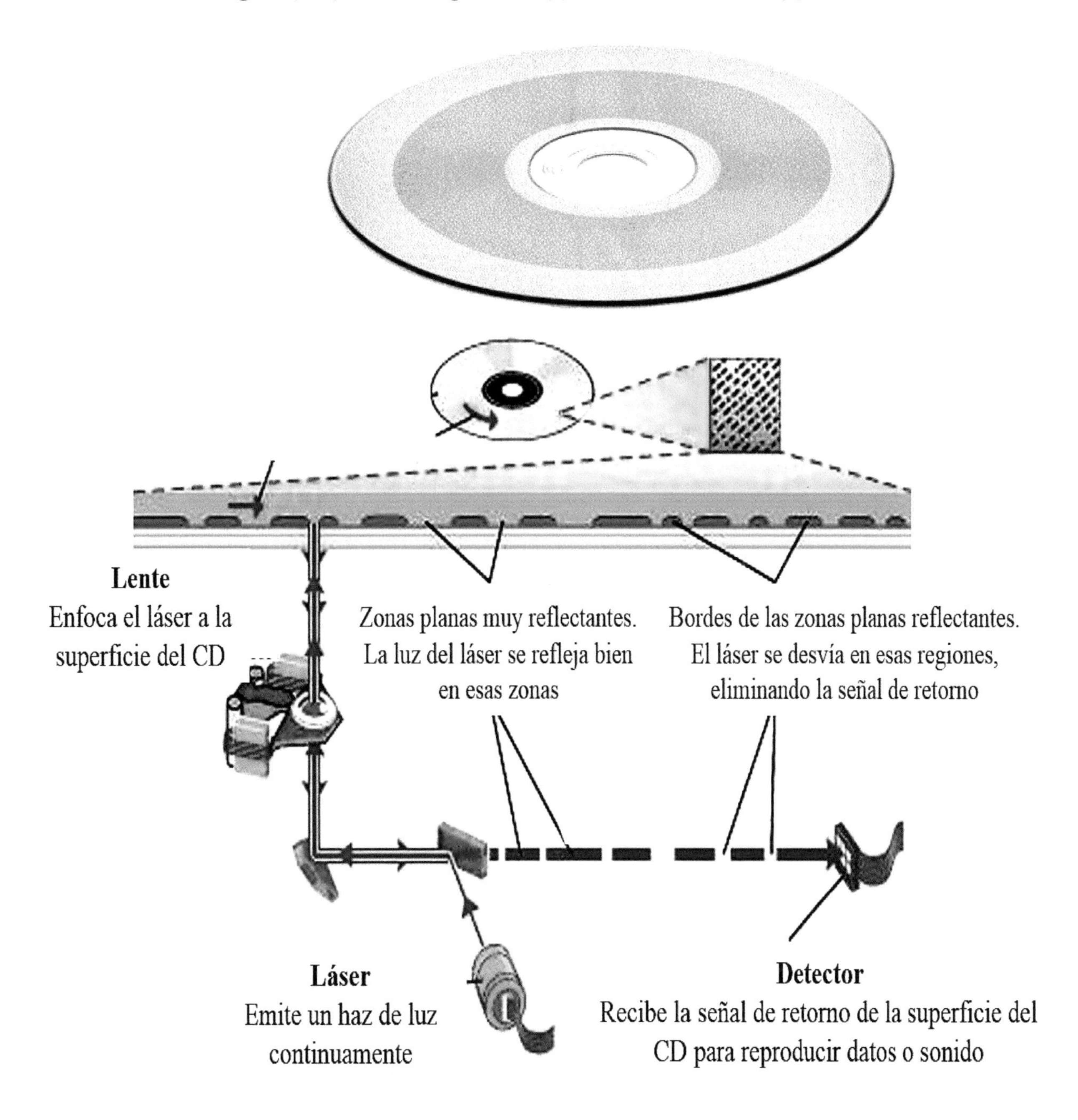

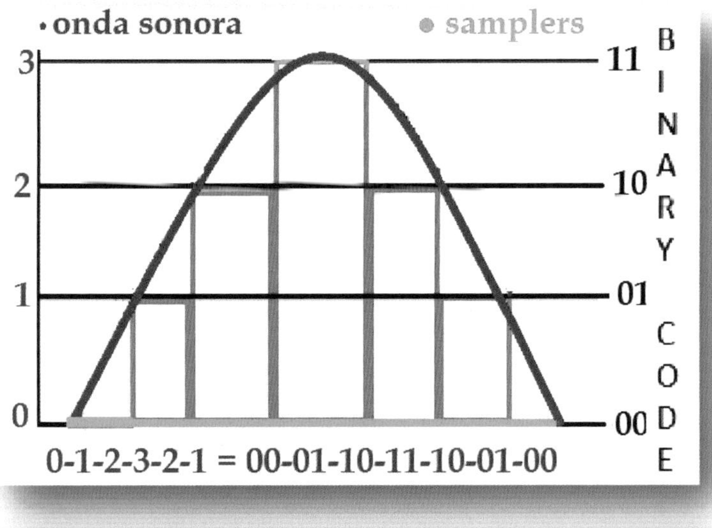

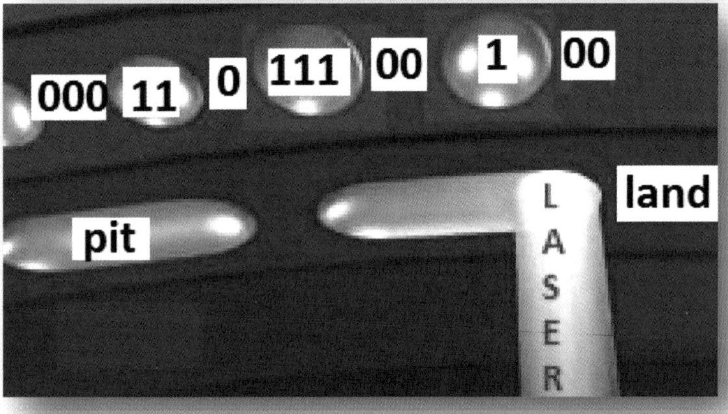

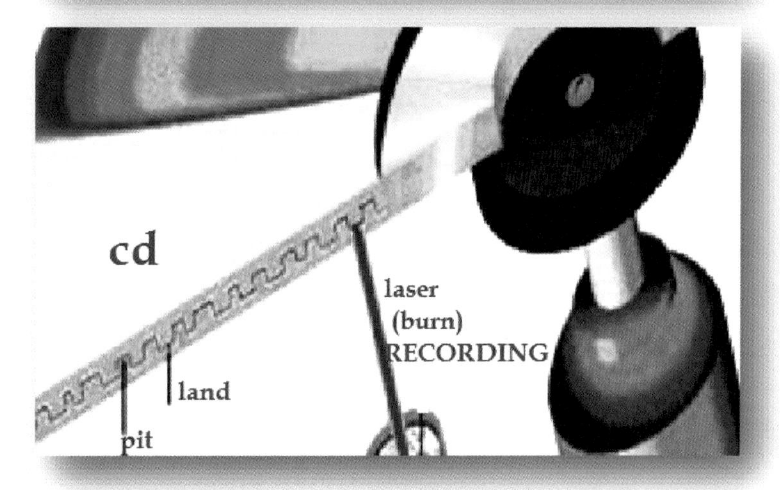

12. Busca información y explica el proceso de "quemado" o grabación de un disco compacto.

4.6 Formato mp3

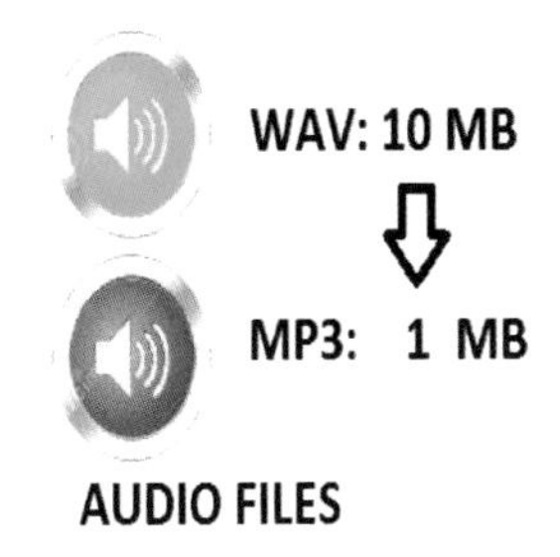

El problema de los archivos de audio digitales (wav) era que ocupaban mucho espacio. Para solucionarlo un equipo de ingenieros alemanes crearon un sistema de compresión que reducía el tamaño. Los ingenieros se valieron de las frecuencias audibles que capta el oído humano y eliminaron las frecuencias que se solapaban, o bien, no podían escucharse.

15. ¿Qué suena mejor un archivo WAV o MP3?

16. ¿Qué audio emplea un MP4 Y MP5?

17. Señala con flechas las partes de un altavoz de tres vías: *woofer* (graves), sonidos intermedios y *tweeter (muy agudos).*

18. ¿Qué indican los watios?

Tema 5: Música culta española

5.1 Nacionalismo

La invasión napoleónica y la posterior Guerra de la Independencia, propició en España, el nacimiento del sentimiento nacionalista. Durante el siglo XIX, se estudiará la música tradicional española y muchas de sus características, pasarán a la música culta creada por compositores.

La música nacionalista emplea patrones rítmicos, melodías basadas en escalas, propias de la música tradicional española de las diferentes regiones. Nuestro rico folclore no sólo inspiró a músicos peninsulares, sino que fueron muchos los compositores extranjeros que idearon obras bajo la influencia de la música tradicional Española, como el francés BIZET y su ópera *Carmen.*

5.2 Evolución de la guitarra española

1. Identifica cada imagen con su instrumento:

A) GUITARRA MORISCA MEDIEVAL : siglo XIII
B) VIHUELA RENACENTISTA: siglo XVI
C) GUITARRA ESPAÑOLA BARROCA: siglo XVII
D) GUITARRA ESPAÑOLA CLÁSICA (TORRES): siglo XVIII

5.3 Pablo de SARASATE

Incluyó novedades técnicas en el violín: notas dobles o acordes de dos notas (segundas, terceras, sextas y octavas). Fue internacionalmente reconocido como intérprete tanto en Europa como en América. Creaba pequeñas composiciones para tocarlas como propina al finalizar sus conciertos.

Sus piezas se basan en los ritmos propios de la música tradicional española como habaneras, zortzicos, jotas, muñeiras, fandangos... En *Zapateado,* se inspira en el folclore andaluz. El zapateado o taconeo es un ritmo binario compuesto escrito en 6/8 en el que el acento se cambia a la segunda pulsación.

2. Escucha la obra en el blog y analiza la obra:

Análisis de la partitura: "Zapateado"

Velocidad: rápida-moderada-lenta

Rodea las notas dobles en la melodía del violín

Explica: *rit.....a tempo*

Textura: monofónica-polifónica // contrapunto imitativo-homofonía-melodía acompañada

Indicadores de intensidad que aparecen:

Carácter: agitado-brillante-dulce-apasionado-solemne

Dificultad técnica: alta-media-baja

5.4 Isaac ALBENIZ

Su familia, con problemas económicos, lo impulsa a ser un niño prodigo del piano. Gracias a sus esfuerzos llegó a ser pianista, compositor, director de orquesta y empresario. Su maestro, el afamado etnomusicólogo Felipe Pedrell, le transmitió el entusiasmo por la música tradicional española que le sirvió de inspiración. La suite de poemas sinfónicos para piano solo, titulada *Iberia,* se ha convertido en una pieza de obligada interpretación para todos los pianistas, en ella mezcla la música nacionalista española con la música impresionista francesa.

Análisis de la audición: "Corpus Christi en Sevilla", *Iberia.*

Velocidad: rápida-moderada-lenta

Indicadores de intensidad: piano-forte-mezzo forte-fortissimo

Carácter: agitado-brillante-dulce-apasionado-solemne

Dificultad técnica: muy alta-alta-media-baja-muy baja

En esta ocasión, Albéniz utiliza la tonada tradicional de "La tarara" como material compositivo, para a partir de ahí, crear algo completamente distinto.

3. Escucha la obra mientras coloreas la Giralda de Sevilla de donde sale la procesión del Corpus Christi. El inicio, con los silencios expresivos, representa los redobles de los tambores al comienzo de la procesión.

5.5 Manuel de FALLA

4.1 Después de ver el video en el blog, describe la escena de la "Danza ritual del fuego":

4.2 ¿Que música le sirve de inspiración?

4.3 Realiza una ficha biográfica del compositor:

- Nace en la ciudad andaluza de G .Estudia en el Conservatorio Superior de Música de Madrid con el professor Felipe P . Marcha a
- Estrena sus obras en la capital de F . Vuelve a
- Compone música para ballets como
- Huyendo de la Guerra Civil Española y tras el asesinato del poeta Federico García Lorca, con quien había organizado un festival de Flamenco se traslada en barco a A
- Su última gran obra titulada At , es un gran oratorio a modo de réquiem que no pudo acabar.

Los *bailaores* Antonio Gades y Cristina Hoyos protagonizan esta película de Carlos Saura

Análisis del vídeo: "Danza ritual del fuego", *El amor brujo.*

Velocidad: rápida-moderada-lenta

Indicadores de intensidad:

Carácter: agitado-brillante-dulce-apasionado-solemne

Dificultad técnica: alta-media-baja

6. Colorea el paisaje mientras escuchas el *Concierto de Aranjuez* del compositor valenciano Joaquín RODRIGO. Es la obra española que más royalties ha recaudado, le sigue la canción "Macarena" de Los del Río.

I. *Allegro con spirito* II. *Adagio* III. *Allegro gentile*

Análisis

Velocidad: rápida-moderada-lenta

Indicadores de intensidad:

Carácter: agitado-brillante-dulce-apasionado-solemne

Dificultad técnica: alta-media-baja

3º ESO: Tema 6, "Música y Danza"

6.1 Definición

La Danza es el arte de combinar rítmicamente los movimientos corporales.

6.2 Clasificación de las danzas

Los innumerables estilos de danzas se suelen distribuir de la siguiente forma:

a) Danza tradicional o danza étnica, es la danza propia de una colectividad minoritaria, forma parte del folclore de esa comunidad.

b) Danza popular, la que se realiza por bailarines no profesionales como vehículo de expresión cultural. El vals, que deriva en un principio de una danza campesina del folclore alemán, pronto evolucionará y se convertirá en una danza de salón vienesa que se bailará por toda Europa.

c) Danza cortesana: son las propias de la cortes. En la Historia de la Danza occidental destacan aquellas que aparecen en el medievo, pero que florecen de forma definitiva durante el Renacimiento y el Barroco.

d) Danza clásica o romántica: es la denominación imprecisa que hace referencia al ballet clásico que sienta sus bases en el siglo XIX. Esta imprecisión terminológica es similar a la del marchamo "música clásica". El ballet clásico requiere de un estudio sistemático de la técnica profesional.

e) Danza moderna: es el ballet de principios del siglo XX.

f) Danza contemporánea: se configura a partir de la total libertad y variedad de movimientos en lo que se refiere a la ideación creativa de las coreografías. En ocasiones, también se admite la improvisación en determinados momentos o secciones.

1. Relaciona cada imagen con el tipo de danza que es:

6.3 La danza primitiva

La danza es tan antigua como el ser humano, ya en la Edad de Piedra encontramos en las pinturas rupestres, escenas en las que se danza para celebrar los diferentes rituales mágico-religiosos. En la imagen, puedes contemplar las danzas egipcias en honor a la diosa Isis.

6.4 Grecia y Roma

Terpsícore era la musa que se encargaba de la Danza, disciplina que Platón eleva como indispensable en la formación elemental de los jóvenes. Incluso los guerreros la empleaban para entrenarse y así conseguir las habilidades motrices necesarias, con ello conseguían un sentido rítmico-corporal, tan necesario para atacar y defenderse en grupo sin perder la posición.

En los múltiples conflictos bélicos de la Antigüedad, la marcha de las legiones era marcada por tambores, mientras que las diferentes trompas y trompetas con distintos toques, indicaban las distintas órdenes de ataque de las tropas. Los hoplitas, por ejemplo, solían golpear con las espadas en sus escudos para así intimidar al adversario, al mismo tiempo que marcaban rítmicamente su avance.

Sócrates escribe "el mejor guerrero es el que mejor baila". La danza servirá para trabajar la agilidad, elasticidad y la rapidez de movimientos... así como la coordinación, parámetros que trabaja de forma especial la danza. La lucha cuerpo a cuerpo con espadas y escudos, requería de una serie de movimientos rápidos y certeros.

6.5 Edad Media

Una de las danzas más populares y antiguas de la Edad Media que proviene de las danzas campesinas populares y se inserta en la danza cortesana primitiva es el baile francés llamado *branle*. Se trata de una danza grupal que se baila en fila, cogidos en una cadena. Se danza dibujando en el espacio diferentes figuras, unas ocasiones con la fila abierta, otras cogiéndose de forma cerrada dando como resultado un círculo, como en los corros infantiles. Parece ser que la sardana es una danza medieval derivada del *branle*.

En el siglo XIV aparece la figura del maestro de danza. Las coreografías comienzan a escribirse y las coreografías cada danza se fija de forma minuciosa. En el gótico florido, hay una mayor sofisticación de las costumbres cortesanas. Influidos por el amor cortés, quieren distinguirse cada vez más de las clases populares, creando una sociedad claramente estamental y elitista.

6.6 Renacimiento

El ideal cortesano establece la necesidad del dominio de las distintas danzas, tanto para el caballero como para la dama. Las danzas cortesanas sirven para el lucimiento personal y se convierte en una forma de destacar dentro de la clase aristocrática a la que pertenecen. La música de danza en sus inicios procede de la música popular, música que se adapta a las necesidades de la aristocracia. Más tarde, surgirá la necesidad de sistematizar y escribirlas las danzas, ya que cada vez adquieren una mayor complejidad y sofisticación, con lo que se hace necesaria la formación por parte de un maestro de danza desde que los nobles eran pequeños. Se establecen así una serie de normas adecuadas para su realización.

6.7 Barroco

En el siglo XVII, el propio rey Luis XIV de Francia se convierte en protagonista de un ballet. La música dramática se relaciona de forma estrecha con la danza en el *Ballet de corte*, representación que constaba de diferentes cuadros llamados *entrées*, donde aparecían escenas declamadas, lectura de poemas, pantomima y danzas cortesanas. La renombrada orquesta dirigida por Lully, "Los veinticuatro violines del Rey", acompañaba al *Ballet de corte* en las escenas donde los bailarines danzaban vestidos con lujosos trajes, pelucas y máscaras. Por entonces, el nivel de dificultad de las danzas era bajo e intervenían en muchas ocasiones los propios cortesanos que utilizaban las máscaras para pasar desapercibidos, tal y como ocurría por entonces en el famoso carnaval de Venecia, donde acudía toda la alta aristocracia europea, festividad que se prolongaba durante tres meses al año, para satisfacer este turismo de élite, en la ciudad más segura de Europa que contaba con una guardia secreta que garantizaba el lujo de los nobles.

3. Busca información y explica cómo se danzaba un pavana renacentista.

4. Mira el vídeo "Le roi danse" y describe por qué aparece con un sol y un globo terráqueo.

6.8 Danza "clásica" o romántica

El siglo XIX es considerado como el Siglo de Oro de la Danza, ya que es cuando aparece el ballet clásico. Se trata de la mayor tecnificación del movimiento, que llega a sus máximas cotas de virtuosismo corporal. El ballet clásico también llamado ballet romántico crea toda una terminología precisa en francés que todavía se sigue utilizando en la formación básica de los bailarines profesionales.Los principales maestros de ballet y coreógrafos se desplazan de París a Rusia, donde se forjará una de las escuelas de ballet más importantes de la Historia de la Danza: la escuela rusa. Marius Petipà conseguirá dotar y revalorizar la función del bailarín dentro de la escena. En estos centros se exige una gran preparación física y técnica no sólo a los solistas sino también a todos los componentes del cuerpo de baile. Los papeles de bailarinas y bailarines solistas adquieren el mismo protagonismo, todo ello reforzado con una técnica que incluye con nuevos ejercicios y pasos.

Desde el punto de vista musical, se crea la forma de ballet que hoy conocemos. Se trata de una pieza que evoluciona de los dos actos de las estructuras escénicas anteriores y pasa a conformar una auténtica obra de teatro totalmente escenificada e interpretada, exclusivamente, a través del movimiento. El Ballet romántico consta generalmente de seis actos, cada uno de ellos integra numerosas escenas, adquiriendo con ello proporciones similares a las de la ópera romántica.

A la popularidad de esta nueva estructura contribuye de forma determinante la genialidad de la aportación musical de Tchaikovsky, profesor de Composición del Conservatorio de Moscú. San Petersburgo se convierte al ser el lugar de residencia habitual de la familia imperial rusa y por lo tanto, en el centro cultural del ballet europeo arrebatando el puesto a París.

a) *El lago de los cisnes* representa todos los ideales románticos del momento: amor imposible y muerte. La obra se estrena en el Teatro Bolshoi de Moscú, pero como contaba con un coreógrafo y director de escena mediocres, obtiene un estrepitoso fracaso. Años más tarde, una vez muerto el compositor, Marius Petipà crea una nueva coreografía para el Teatro Marinski de San Petersburgo que se ha mantenido hasta la fecha.
b) Petipà colaborará con Tchaikovsky también en *La bella durmiente,* cuyo contenido se extrae del célebre cuento romántico recogido por Perrault.
c) *Cascanueces,* no podrá contar con el famoso coreógrafo al estar enfermo. Será su primer ayudante quien se encargue del desarrollo de una obra cuyo hilo argumental es inconexo y su argumento deficitario: Una niña recibe en Nochebuena un muñeco gigante que se convierte en príncipe y la lleva por un mundo de golosinas y flores que bailan al son del vals.

5. Busca información y resume el argumento de "El lago de los cisnes"

6. Un ballet cuenta una historia a través del movimiento. Tras visionarlo en el blog, narra el contenido de la primera escena del ballet *La sílfide:*

7. Después de ver "El cisne" completa:

- Contenido: vida-muerte-soledad
- Nivel de dificultad técnica: alta-media-baja
- Expresión corporal: alta-media-baja
- Expresión facial: alta-media-baja

8. "Cascanueces". Ordena las danzas que has observado y ordénalas:

- Danza china
- Danza rusa
- Danza clásica
- Danza rusa

9. Explica el significado de los diferentes movimientos de la danza contemporánea "Otoño" de Crystal Pyte:

- Caída de brazos:
- Cambio de iluminación:
- Movimientos rápidos de la cabeza:
- Balanceo de los cuerpos:

(♩ = 120)
Soprano
Contralto
Piano
A - mor que me cau - ti - vas con tu dul- ce mi - rar, tus plan tas ben de -
7
S
C
Pno.
ci - das voy ren- di do a a do - rar. Si tu a mor no me das, ya muer - to me ve -
13
rás. Si tu a- mor no me das, ya muer - to me ve - rás.

Tema 7: Instrumentos históricos

7.1 Grecia

Cítara: Se diferencia de una lira en que sus cuerdas pasan por un puente y son amplificadas directamente por la caja de resonancia al ser pulsadas por los dedos o punteadas por el *plectrum*. Se colgaba con una cinta del cuerpo, con la mano derecha se pulsaba y con la izquierda arriba se pisaban las cuerdas, tal y como ocurre en una guitarra española. Era un instrumento que se ejecutaba por músicos profesionales, dada su dificultad técnica, estos en un principio actuaban acompañando a cantantes, y más tarde, realizaban conciertos como solistas de gran virtuosismo.

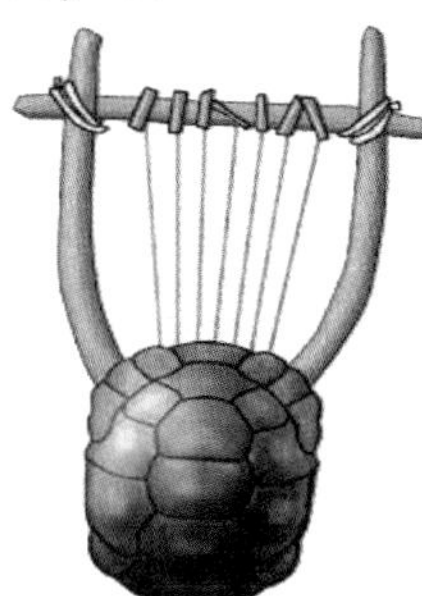

Lira: Considerada como un instrumento para músicos no profesionales o *amateurs*. Su caja de resonancia, en origen, era un caparazón de tortuga hueco. Al no poder pisarse las cuerdas, su sonoridad es más débil y su registro más grave, si lo comparamos con la cítara.

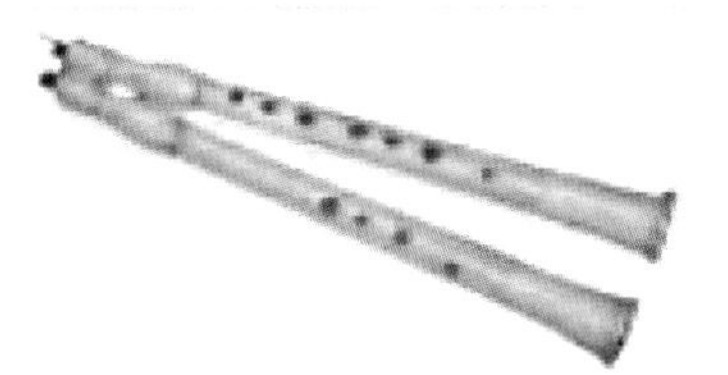

Aulós: Instrumento de doble lengüeta construido en madera, marfil o metal; es muy similar al oboe actual (antiguamente se consideró por parte de historiadores, erróneamente, que era una flauta y así aparece en múltiples manuales). Era un instrumento de tesitura aguda, sonoridad dulce, íntimamente relacionado con el culto a Dionisos. El doble aulós se ataba con unas cintas a la cabeza del intérprete para que así pudiese soplar por los dos tubos y producir en cada uno de ellos una melodía distinta con cada mano, por lo que se trata de un instrumento polifónico.

Syrinx, siringa o flauta de Pan: Instrumento llamado así en homenaje al dios arcadio pastoril Pan, su ámbito oscila entre 7 y 14 tubos unidos.

Órgano hidráulico: Era el instrumento preferido en el teatro romano ya que poseía una sonoridad potente, que se conseguía por medio de dos bombas de aire que insuflaban en un depósito lleno de agua.

1.Narra el mito de Pan y Siringa:

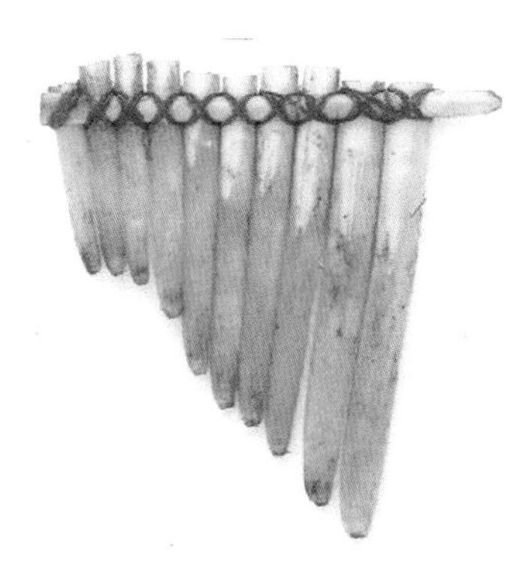

2.1 ¿Qué instrumento tocaba el dios Apolo?
2.2 ¿De qué era dios? M_________
2.3 ¿Qué le ocurrió con Marsias cuando se enfrentó a él?

2.4 ¿Quiénes fueron las juezas?

2.5 ¿Qué hizo Dafne para huir de Apolo?

2.6 ¿Por qué se corona con olivo a los ganadores de las Olimpíadas y de los torneos musicales?

2.7 ¿Quién es Orfeo?

2.8 ¿Qué le ocurre a su amada Eurídice?

2.9 ¿Quiénes eran las nueve musas y a qué se dedicaban?

7.2 Edad Media

Se heredan los instrumentos de la cultura musical grecolatina y se añaden los bizantinos y árabes. Los Padres de la Iglesia deciden en los primeros siglos del milenio cristiano prohibir el uso de instrumentos en el culto, ya que los relacionaban con las comedias y sátiras teatrales romanas, de las que querían desvincularse. El aislamiento de cada región provoca que un mismo instrumento tenga formas y denominaciones distintas en cada reino. Cada lutier, construía sus instrumentos de acuerdo con su tradición, al no haber normas comunes de fabricación ni de afinación.

Los instrumentos de cuerda son los preponderantes para acompañar la voz (trovadores, juglares y ministriles). Las agrupaciones instrumentales acompañantes eran variables en número y tipo de instrumentos, si bien se trataba en general de pequeños grupos. A partir del siglo XIV, se dividen los instrumentos atendiendo a su tesitura en altos y bajos.

Arpa románica y gótica: El arpa medieval va evolucionando hacia estas dos formas diferentes. La estructura del arpa románica poseía una columna curva; en cambio, el arpa gótica presentaba una estructura más esbelta, siendo su columna recta.

Salterio (*psalterium*): es una cítara pulsada con una caja de resonancia plana. P

Rabel: instrumento de cuerda frotada de 3 cuerdas, deriva del rabab árabe.

Fídula: con esta denominación se hace referencia a una amplia variedad de instrumentos de cuerda frotada medievales. Se interpretaba apoyándolo sobre el hombro, pero también sobre el muslo como ocurría con el rabel.

Laúd árabe: instrumento que en Al Ándalus llegará a su máximo grado de virtuosismo, con técnicas interpretativas similares que serán asimiladas por la vihuela a renacentista y la guitarra española barroca. Son evidentes las influencias directas sobre la técnica de la guitarra flamenca.

Zanfoña *(organistrum):* consta de una caja de resonancia con dos cuerdas afinadas al unísono que se acortaban con 8 teclas para producir la melodía principal, y dos cuerdas más que hacían de bordón. Cuando el virtuoso lo interpretaba daba la impresión de que había instrumentos sonando juntos. Se mueve una palanca en la base que hace girar una rueda que frota las cuerdas.

Arpas góticas

Fídulas

Laúdes árabes

Zanfoña

Salterio

3. Señala las diferencias entre el rabel y el violín.

Viento

Cuerno: el olifante es una trompa medieval que tenía forma de colmillo de elefante. Estaban ricamente decorados y construidos en marfil.

Chirimía: se trata de un oboe pequeño similar a la dulzaina actual.

Cornamusa: gaita.

Flautas de pico y traveseras

Cornamusa

Cuernos

Flautas traveseras

Órgano portativo

Chirimía y tejoletas

7. Busca información y redacta un informe sobre las *Cantigas a Santa María:*

- Número de volúmenes:
- Ubicación actual:
- ¿Qué es una cantiga?

- Contenido de las cantigas de "loor":

- Labor cultural de Alfonso X "el sabio":

- La música de las cantigas es religiosa o profana:
- Lengua en la que están escritas:
- Autoría de la música:

7.3 Barroco (siglo XVII)

Clavichémbalo o clavecín: Es uno de los instrumentos más importantes de la orquesta barroca, ya que realiza la función del bajo continuo en la música profana, siendo el director quien lo toca. Disfrutó de una enorme popularidad y de un vasto repertorio. El clavicordio y virginal eran instrumentos que se utilizaban para ensayar en las casas, debido a su escasa potencia.

Órgano de iglesia: Para ponerlo en marcha, previamente uno o dos jóvenes movían los enormes fuelles situados en la parte trasera para llenar los depósitos.

Violín: Gracias a sus grandes posibilidades técnicas y a su versatilidad tímbrica, se convierte en el instrumento principal de la orquesta. Es en esta etapa cuando adquiere su mayor desarrollo organológico con la aparición de los mejores instrumentos creados por los lutieres como Stradivarius.

7.4 Clasicismo (siglo XVIII)

Clarinete: Deriva del instrumento folclórico francés llamado *chalumeau*. En 1690, el fabricante Johann Christoff Denner construye en Nuremberg el primer clarinete. Mozart compone un concierto para este instrumento, que se hace indispensable en la orquesta clásica.

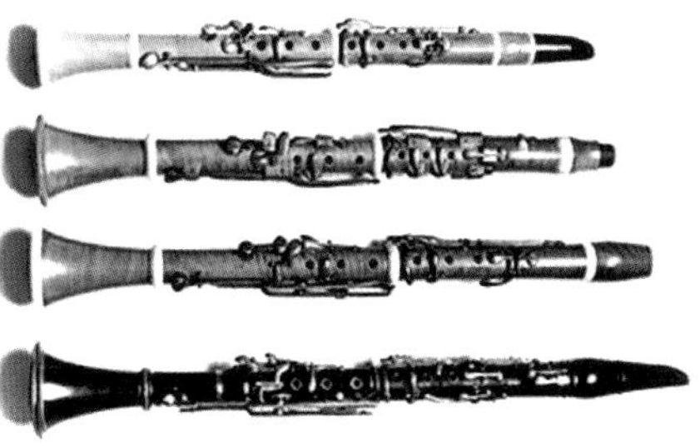

Pianoforte: Bartolomeo Cristofori en Florencia ingenia un nuevo instrumento de teclado percutido con macillos, que primero estuvieron recubiertos primero con piel y después con fieltro. Este instrumento presenta una característica novedosa: es el propio intérprete quien obtiene distintos matices dinámicos o de intensidad con el teclado, dependiendo de la velocidad con la que sea impulsado el macillo. De ahí su primera denominación, *gravicémbalo forte-piano*.

8. Busca información y explica el nacimiento del pianoforte:

ANEXO: Música y Cinematografía

El cine mudo

En las proyecciones de cine mudo, un pianista o un cuarteto de cuerda amenizaba las imágenes. En ocasiones, un presentador explicaba las escenas hasta que decidieron incluir intertítulos con partes de los diálogos y explicaciones de la trama dramática.

El pianista interpretaba diferentes piezas de acuerdo con las emociones que transmitía la película: música rápida y cómica en las escenas de persecución, música romántica en las escenas de amor... En este tipo de cine la expresión facial, la mímica y la expresión corporal de los actores era el elemento interpretativo más importante.

1. La Cinematografía es el Séptimo Arte. ¿Cuáles son las Bellas Artes?

2. Visiona el blog y completa:

BSO: *La guerra de las galaxias*
Director: George LUCAS
Compositor: John WILLIAMS
Instrumentos:
Orquesta de cámara o sinfónica
Melodía: cuerda-viento-percusión
Emoción que te produce:

BSO: *Schindler's list*
Compositor: John WILLIAMS
Instrumentos: cuerda-viento-percusión
Grupo instrumental:
Instrumento de la melodía principal:
Emoción que te produce:

El cine sonoro

A la hora de sincronizar la imagen con el sonido se producía el siguiente problema técnico: La velocidad de las imágenes era mayor que la velocidad de lectura del sonido.

Para solucionarlo, intentaron grabar en un disco aparte los diálogos de la película. Pero cuando se proyectaba la película junto con el disco, pronto ambos entraban en desfase y se veía una escena mientras se escuchaban los diálogos de otra.

Años más tarde, llegó la solución: incluir al lado de la cinta de cine una banda magnética con el sonido grabado: la banda sonora. The Jazz singer en 1927, fue la primera película con sonido. Las bandas sonoras tienen tres partes: una para los diálogos, otra, para la banda sonora musical y una tercera, para los efectos sonoros. La banda sonora original (BSO) es la música creada para una película concreta.

3.1 Mira el fotograma. Señala dónde se encuentra las dos bandas sonora: una para la versión original y otra para la versión doblada.

3.2 ¿Qué ocurre si quitamos la banda sonora musical a una película?

3.3 ¿Conoces una película sin banda sonora musical?

3.4 ¿Qué es una banda sonora no original?

3.5 ¿Cómo se compone la música para cine?

4.1 Escribe el título de dos películas cuya BSO la compuso John Williams:

5.1 ¿Cuál es tu BSO favorita? ¿Por qué?

6. Concurso: adivina la BSO.

6.1 6.2 6.3 6.4

7.1 ¿Qué diferencia hay entre Óscar a la mejor canción y Óscar a la mejor banda sonora original (BSO)?

7.2 ¿Cuál es la última película que ha ganado estos galardones?

8.1 ¿Qué es el doblaje de una película?

8.2 ¿Cómo se realiza?

8.3 ¿Afecta a la BSO?

8.4 ¿Y a los efectos sonoros?

8.5 ¿Y si es un musical?

8.6 Cita tres efectos sonoros:

El proceso de creación

El compositor de música de cine es el primero en ver el film editado. Es en ese momento cuando acuerda con el director qué momentos musicalizará. Entonces, comenzará a idear la música más adecuada para cada escena, compondrá los temas, los instrumentará y grabará en un estudio de acuerdo con el minutaje exacto.

Hermann fue el primer compositor que grababa en un estudio mientras se proyectaba la escena, para así hacer coincidir cada movimiento con el sonido correspondiente (sincronización). Si se trata de un musical el proceso es a la inversa, primero se graba la música, las canciones; sobre estas se crean las coreografías y por último, se filman las escenas.

I'm a believer
Shrek
JuanMa S.

THE FLINSTONES
Astiroago
JuanMaS.
Mold: JuanMa
1. 2.
3.

Caresse sur l´ocean
B. Coulais
Bideoak
JuanMaS.
(1ª vez sólo)
*(2ª vez)
1.
2.

Pirates of the Caribbean
Klaus Badelt
JuanMa S.
Mold:JuanMa
= 90
3

May it be "The Lord of the Rings"
Enya
Mold: JuanMa S.
Slowly and freely
1.
2.

POSICIÓN DE LAS NOTAS EN LA FLAUTA DULCE ALEMANA

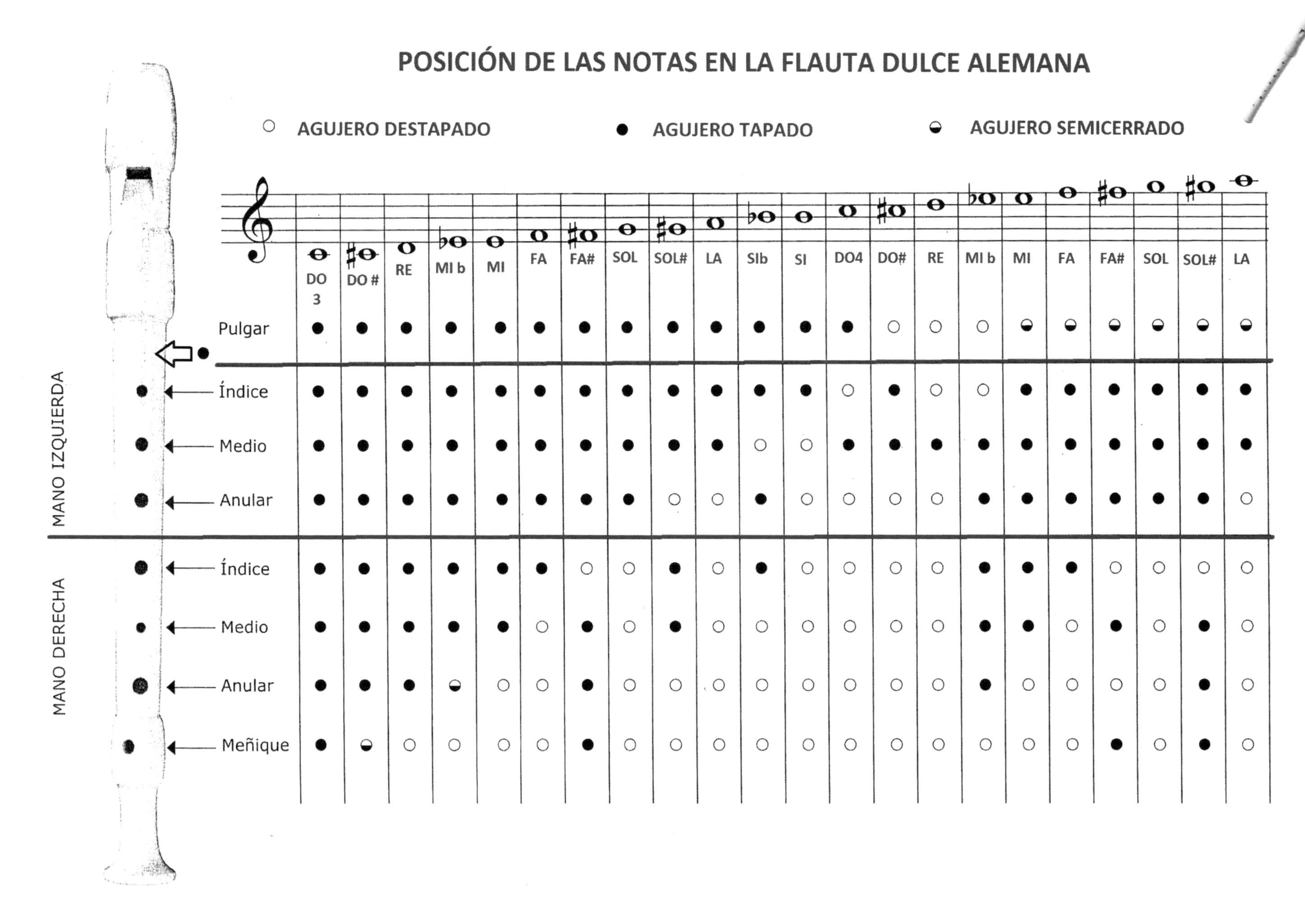

○ AGUJERO DESTAPADO ● AGUJERO TAPADO ◒ AGUJERO SEMICERRADO

		DO 3	DO #	RE	MI b	MI	FA	FA#	SOL	SOL#	LA	SIb	SI	DO4	DO#	RE	MI b	MI	FA	FA#	SOL	SOL#	LA
	Pulgar	●	●	●	●	●	●	●	●	●	●	●	●	●	○	○	○	◒	◒	◒	◒	◒	◒
MANO IZQUIERDA	Índice	●	●	●	●	●	●	●	●	●	●	●	●	○	●	○	○	●	●	●	●	●	●
MANO IZQUIERDA	Medio	●	●	●	●	●	●	●	●	●	●	○	○	●	●	●	●	●	●	●	●	●	●
MANO IZQUIERDA	Anular	●	●	●	●	●	●	●	●	○	○	●	○	○	○	○	●	●	●	●	●	●	○
MANO DERECHA	Índice	●	●	●	●	●	●	○	○	●	○	●	○	○	○	○	●	●	●	○	○	○	○
MANO DERECHA	Medio	●	●	●	●	●	○	●	○	●	○	○	○	○	○	○	●	●	○	●	○	●	○
MANO DERECHA	Anular	●	●	●	◒	○	○	●	○	○	○	○	○	○	○	○	●	○	○	○	○	●	○
MANO DERECHA	Meñique	●	◒	○	○	○	○	●	○	○	○	○	○	○	○	○	○	○	○	●	○	●	○

Printed in Great
Britain
by Amazon